Nuestros sentidos

EL TACTO

Kay Woodward

GARETH**STEVENS**
PUBLISHING
A World Almanac Education Group Company

Please visit our web site at: www.garethstevens.com
For a free color catalog describing Gareth Stevens Publishing's
list of high-quality books and multimedia programs, call
1-800-542-2595 (USA) or 1-800-387-3178 (Canada).
Gareth Stevens Publishing's fax: (414) 332-3567.

Library of Congress Cataloging-in-Publication Data

Woodward, Kay.
   [Touch. Spanish]
   El tacto / Kay Woodward.
       p. cm — (Nuestros sentidos)
   Includes index.
   ISBN 0-8368-4416-5 (lib. bdg.)
   1. Touch—Juvenile literature.   I. Title.
   QP451.W66718   2005
   612.8'8—dc22   2004052560

This North American edition first published in 2005 by
Gareth Stevens Publishing
A World Almanac Education Group Company
330 West Olive Street, Suite 100
Milwaukee, Wisconsin 53212 USA

This U.S. edition copyright © 2005 by Gareth Stevens, Inc.
Original edition copyright © 2005 by Hodder Wayland.
First published in 2005 as *Touch* by Hodder Wayland, an
imprint of Hodder Children's Books, a division of Hodder
Headline Limited, 338 Euston Road, London NW1 3BH, U.K.

Commissioning Editor: Victoria Brooker
Book Editor: Katie Sergeant
Consultant: Carol Ballard
Picture Research: Katie Sergeant
Book Designer: Jane Hawkins
Cover: Hodder Children's Books

Gareth Stevens Editor: Barbara Kiely Miller
Gareth Stevens Designer: Kami Koenig
Gareth Stevens Translators: Tatiana Acosta and
                            Guillermo Gutierréz

Printed in China

1 2 3 4 5 6 7 8 9 09 08 07 06 05

Picture Credits
Corbis: imprint page, 10 (Royalty-Free), 7 (Tom and Dee Ann
McCarthy), 12 (Ariel Skelley), 13 (Jutta Klee), 14 (Michal Heron),
15 (Joe Bator), 20 (Charles Krebs), 21 (Peter Johnson); FLPA:
19 (Hugh Clark); Getty Images: cover (Stone/Garry Wade),
title page, 8 (Thinkstock/Royalty-Free), 4 (Stone/Clarissa Leahy),
5 (The Image Bank/Don Klumpp), 11 (The Image Bank/White
Packert), 18 (Photodisc Green/Santokh Kochar/Royalty-Free);
Wayland Picture Library: 9, 16, 17, 22, 23 (all). Artwork on
page 6 is by Peter Bull.

Información sobre la autora

Kay Woodward es una experimentada autora de libros
infantiles que ha escrito más de veinte obras de ficción
y no ficción.

Información sobre la consultora

Carol Ballard es una coordinadora de escuela elemental
especializada en ciencias. Ha escrito muchos libros infantiles
y asesora a varias editoriales.

CONTENIDO

¡Un mundo para tocar! 4

Cómo funciona tu piel 6

Áspero y liso 8

Caliente y frío 10

¡Ay! 12

Usar el tacto para ver 14

Tocar 16

Los animales y el tacto 18

Los insectos y el tacto 20

¿Adivinas qué es? 22

Glosario e Índice 24

Las palabras en **negrita** aparecen en el glosario.

¡UN MUNDO PARA TOCAR!

El mundo está lleno de cosas interesantes al **tacto**. Hay piedras lisas y rocas ásperas. Hay dulces pegajosos y sofás mullidos.

La piel de un gatito es suave, lisa y peluda al tacto.

Nuestro **sentido** del tacto nos ayuda a percibir cómo son las asombrosas cosas que nos rodean cuando las **tocamos** o **palpamos**. Al tocar los objetos, podemos conocerlos mejor. Para tocar algo, usamos la piel.

CÓMO FUNCIONA TU PIEL

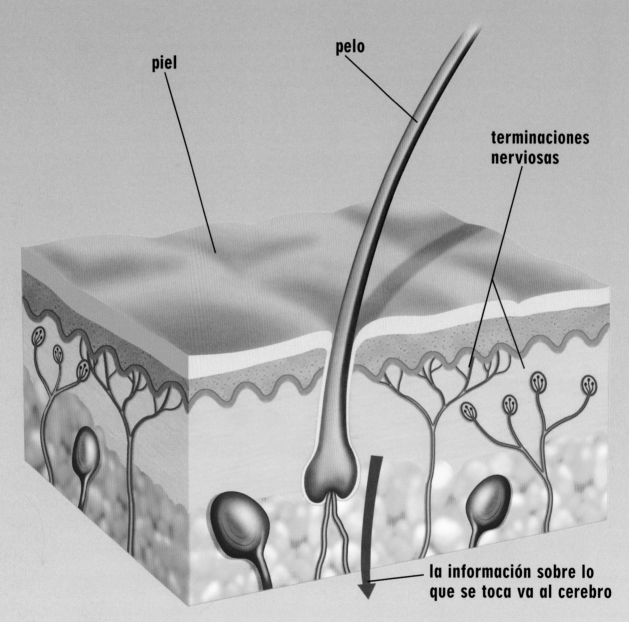

piel

pelo

terminaciones
nerviosas

la información sobre lo
que se toca va al cerebro

Así es una sección de tu piel por dentro. Debajo
de tu piel hay miles de terminaciones nerviosas.

Cuando tocas algo, las **terminaciones nerviosas** que están debajo de tu piel envían información al cerebro, el cual te ayuda a saber lo que estás tocando. La mayor cantidad de terminaciones nerviosas está en las manos, los labios, el rostro, el cuello, la lengua y los pies. Estas partes del cuerpo son muy sensibles. Las puntas de los dedos son la parte más sensible de todas.

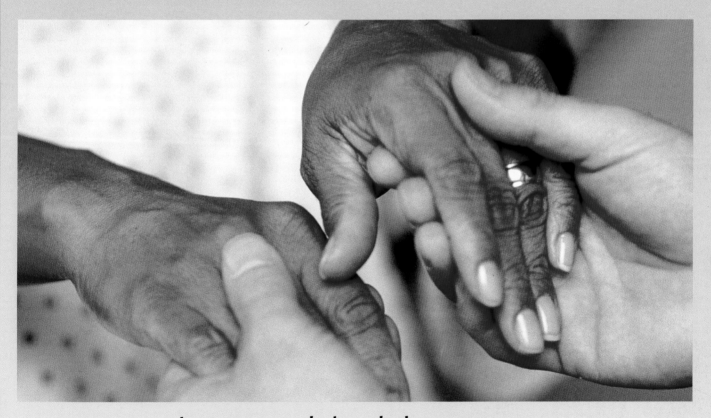

Las puntas de los dedos contienen muchas terminaciones nerviosas.

ÁSPERO Y LISO

El tacto nos dice cómo es algo al tocarlo. Distintos objetos tienen diferentes **texturas**. El tronco de un árbol es áspero. La superficie de esta página es lisa.

El cemento es duro. Las motas de algodón
son suaves y esponjosas. Al tacto,
la arcilla es blanda y húmeda.

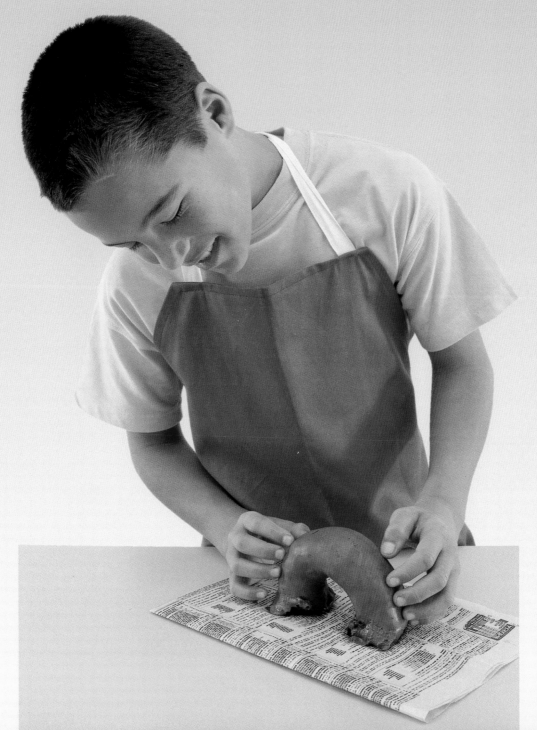

CALIENTE Y FRÍO

Cuando tocas algo, sientes si está caliente o frío. Una taza de chocolate caliente te da una sensación de calor en la punta de los dedos. Por lo general, ¡las manos de los demás también son tibias al tacto!

Una taza resulta tibia al tacto si contiene una bebida caliente.

Algunas cosas producen una sensación de frío. Las golosinas heladas, los **carámbanos**, las bolas y los muñecos de nieve están muy fríos. Un vaso lleno de una bebida helada, también es frío al tacto.

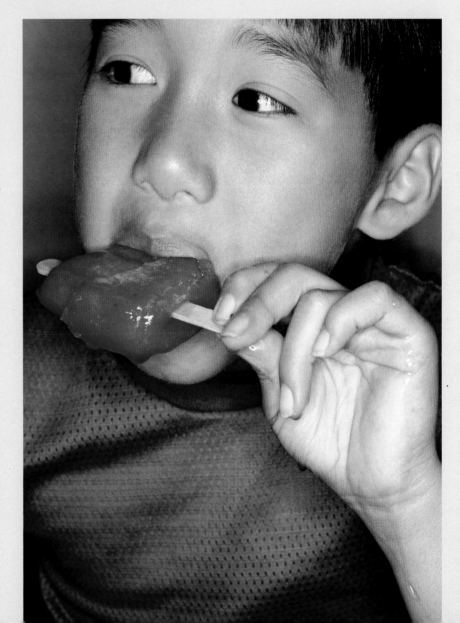

Un helado de fruta produce una sensación muy fría en la lengua.

¡AY!

Es peligroso tocar algunas cosas. Si tocas cosas muy calientes, como el agua hirviendo o el fuego, te puedes **lastimar**.

Mantente a una distancia prudente del fuego.

Si tocas objetos afilados
o puntiagudos, como
cuchillos, trozos de vidrio
o agujas, te puedes cortar.
Si alguna vez tienes que
tocar algo afilado, ten
muchísimo cuidado y
pídele a un adulto que
te ayude.

Siempre debe haber un
adulto ayudándote cuando
uses objetos afilados.

USAR EL TACTO
PARA VER

Aunque las personas ciegas no pueden ver, su sentido del tacto puede ayudarlas a conocer el mundo que las rodea. Los ciegos usan las manos para conocer el aspecto de las personas y los objetos.

Los ciegos usan su sentido del tacto para leer.

El braille es un sistema especial de escritura que puede leerse con la yema de los dedos. En lugar de palabras impresas, el braille se sirve de puntos en relieve organizados en distintos patrones. Los patrones representan letras y otros caracteres. Para leer, las personas ciegas palpan los puntos con los dedos.

TOCAR

Usas el sentido del tacto todos los días, a todas horas. Para hacer una llamada, tocas las teclas del teléfono. Es probable que te toques el cabello para apartártelo de los ojos. Estás tocando este libro en este momento.

El sentido del tacto te indica que estás tocando algo. Sin este sentido, no percibirías las sillas en las que te sientas. No sentirías la diferencia entre una esponja y una piedra al tocarlas.

LOS ANIMALES Y EL TACTO

Los animales usan su sentido del tacto cuando están en sitios oscuros. Un gato usa sus bigotes para rozar los objetos que lo rodean y enviar información al cerebro. Así es cómo se orientan los gatos en la oscuridad.

Sus largos bigotes ayudan a los gatos a moverse en la oscuridad.

Los topos cavan oscuros túneles en los que viven.
Como estos animales son casi ciegos, usan su
agudo sentido del tacto para encontrar agua y
comida. Los topos usan sus bigotes y los sensibles
pelos que tienen en la nariz, las patas y la cola
para percibir los movimientos en el terreno.

LOS INSECTOS Y EL TACTO

Los insectos tienen pelitos minúsculos en el cuerpo. Estos pelitos vibran con el más leve soplo de aire. Este movimiento envía información al cerebro del insecto.

Las orugas tienen muy mala vista. En lugar de sus ojos, las orugas usan los pelitos que cubren su cuerpo para ver el mundo que las rodea.

¿ADIVINAS QUÉ ES?

1. Reúne distintos objetos — algunas cosas suaves y
   blandas, otras duras, otras ásperas y otras lisas.
   Una por una, ve poniendo las cosas en una caja.
   Pídeles a algunos amigos que palpen cada objeto
   sin mirar y que intenten adivinar de qué se trata.
   ¿Cuántos objetos adivinaron?

2. Palpa diferentes cosas
   como arcilla húmeda,
   gelatina blanda, el tronco de un árbol, una
   almohada, un cubo de hielo, un trozo de
   terciopelo o un suéter tejido. ¿Puedes describir
   qué sensación al tacto te produce cada cosa?

3. Pídele a un amigo que cierre los ojos y rózale
   suavemente la punta de los dedos con dos
   lápices. ¿Cuántos lápices sintió? Ahora, hazle
   lo mismo en la pierna. ¿Sintió ambos lápices?

   Las puntas de los dedos tienen muchas más
   terminaciones nerviosas que la mayoría de
   las partes del cuerpo. Por eso es más
   fácil sentir las cosas con los dedos
   que con las piernas u otras
   partes del cuerpo.

GLOSARIO

carámbanos: trozos de hielo largos y puntiagudos, que se forman cuando agua que gotea se congela

lastimar: causar daño o dolor

palpar: tocar una cosa para conocerla

sentido: facultad natural para recibir e identificar información mediante uno o más de los órganos receptores del cuerpo, como los oídos, los ojos, la nariz, la lengua y la piel. Los cinco sentidos son: oído, vista, olfato, gusto y tacto.

tacto: sentido que se usa para conocer algo mediante el contacto con las terminaciones nerviosas de la piel

terminaciones nerviosas: las puntas de células con forma de hilos que llevan mensajes entre las partes del cuerpo y el cerebro

texturas: diferentes tipos de superficies; por ejemplo, las lisas y suaves

tocar: notar un objeto o el entorno mediante el sentido del tacto; entrar en contacto con algo o percibir con una parte del cuerpo

ÍNDICE

animales 5, 18–19

bigotes 18, 19

caliente 10, 12
ceguera 14, 15, 19
cerebro 6, 7, 18, 20

frío 10, 11

insectos 20–21

palpar 5, 15, 22, 23
peligros 12–13
pelos 6, 19, 20, 21
piel 5, 6, 7
puntas de los dedos 7, 10, 15, 23

sentidos 5, 7, 14, 16, 17, 18, 19

tacto 4, 5, 7, 14, 16, 17, 18, 19, 20

terminaciones nerviosas 6, 7, 23
texturas 5, 8
    áspero 4, 8, 22
    liso 4, 5, 8, 22
    suave 5, 9, 22
tocar 4, 5, 7, 8, 10, 11, 12, 13, 14, 16, 17, 19, 23

ver 14, 19, 21